Susanne Schaadt

Punkt für Punkt zur Zahl

Das Zahlen-Nachmalheft

Impressum

Titel: Punkt für Punkt zur Zahl
Das Zahlen-Nachmalheft

Autorin: Susanne Schaadt

Illustratorin: Susanne Schaadt

Druck: Druckerei Uwe Nolte, Iserlohn

Verlag: **Verlag an der Ruhr**
Alexanderstraße 54 – 45472 Mülheim an der Ruhr
Postfach 10 22 51 – 45422 Mülheim an der Ruhr
Tel.: 02 08 / 439 54 50 – Fax: 0208 / 439 54 239
E-Mail: info@verlagruhr.de
www.verlagruhr.de

© **Verlag an der Ruhr 2006**
ISBN 978-3-8346-0105-6

geeignet für die Altersstufe 3 **4 5 6 7 8** 9

Gedruckt auf chlorfrei gebleichtes Papier.

Alle Vervielfältigungsrechte außerhalb der durch
die Gesetzgebung eng gesteckten Grenzen
(z.B. für das Fotokopieren) liegen beim Verlag.
Der Verlag untersagt ausdrücklich das Speichern und
Zur-Verfügung-Stellen dieses Buches oder einzelner Teile
davon im Intranet, Internet oder sonstigen elektronischen
Medien. Kein Verleih.

Vorwort

„Punkt für Punkt zur Zahl" ist ein Zahlen-Nachmalheft, mit dem Kinder auf spielerische, kurzweilige und unterhaltsame Art die Zahlen 1–10 kennen und schreiben lernen. Die Übungen eignen sich zum ersten Kennenlernen der Zahlen im **Kindergarten**, zur Vertiefung und Übung in der **Grundschule** oder für den **Therapiebereich**. Dabei lernen die Kinder nicht nur die Zahlen kennen, sondern trainieren auch gleichzeitig systematisch das flüssige Schreiben der Ziffern. Die Kinder prägen sich die Ziffernbilder nicht nur visuell sondern auch taktil ein. Ganz nebenbei und spielerisch verbessern sich die **Auge-Hand-Koordination**, die **Feinmotorik**, die **Formkonstanz-Wahrnehmung** und die **Figur-Grund-Wahrnehmung**.

In meiner lerntherapeutischen Praxis setze ich die Übungen besonders gerne und erfolgreich bei Kindern mit **Rechenschwäche** und **Wahrnehmungsstörungen** ein. Mit viel Spaß und Motivation verbinden die Kinder Punkt für Punkt und steigern zusätzlich ihre **Aufmerksamkeitsspanne** und **Konzentrationsfähigkeit**. Die Arbeitsblätter eignen sich zum selbstständigen Arbeiten und bringen auch schwächeren Kindern schnell Erfolgserlebnisse.

Arbeitsblätter

Zu jeder Zahl gibt es drei verschiedene Arbeitsblätter mit unterschiedlichen Einsatzmöglichkeiten.
Das **erste Arbeitsblatt** ist ein reiner **Ziffernschreibkurs**. Die Kinder fahren die Ziffern, die immer kleiner werden, mit dem Bleistift nach. In der unteren Zeile können die Kinder die gelernte Ziffer noch einmal ohne Hilfspunkte selbst schreiben. Die Ziffern können aber auch in Form einer Schwungübung mehrmals mit unterschiedlichen Farbstiften nachgespürt werden.

Das **zweite Arbeitsblatt** stellt die **Verbindung zwischen der Ziffer und dem Mengenbegriff** her. Das Kind spurt die einzelnen Mengen in Form der Gegenstände nach. Es sieht und begreift gleichzeitig, dass Zahlen Symbole für Mengen sind. So wird das **Zahlverständnis** angebahnt. Eine gut ausgebildete Mengenvorstellung ist ausschlaggebend und grundlegend für ein mathematisches Verständnis und als Folge daraus zwingend notwendig für das Rechnen. Nach dem Nachspuren der Gegenstände können die Kinder diese einzeln bunt ausmalen. Die Mengendarstellungen eignen sich gut zum Nachzählen der Gegenstände und zum Aufbau der Zählreihe. Als Erweiterung der Übung kann die jeweilige Menge mit Murmeln, Knöpfen, Perlen usw. in einen Einmachgummiring, der als Mengenumrandung dient, gelegt werden.

Auf dem **dritten Arbeitsblatt** fährt das Kind die einzelnen gepunkteten Ziffern nach und kann die Gegenstände bunt ausmalen. Auch hier geht es um die Verbindung der Ziffer mit dem Mengenbegriff. Durch das Ausmalen der aufgereihten Gegenstände kann das Kind den **ordinalen Aspekt der Zahlen** erfahren und die richtige Aufzählung der Zahlen üben. Seine Zählfertigkeit wird gleichzeitig trainiert. Zudem wird hier noch einmal besonders die Größe der einzelnen Mengen und damit verbunden die Größe der einzelnen Zahlen erfahren. Rechts oben sind die Zahlen als **Punktbild im Zehnerfeld** dargestellt. Punktbilder erkennen, mit dem zugehörigen Zahlwort benennen und ein solches Muster herstellen zu können, ist wichtig für die **Entwicklung des Zahlverständnisses** beim Kind. Zusätzlich fördert das Punktbild die Simultanerfassung von Mengen und zeigt die Teil-Ganzes-Beziehung von Mengen auf.
Von 10 Kreisen sind z.B. 3 schwarz und 7 andersfarbig. Die Zahl 10 lässt sich also in 3 und 7 aufteilen. Dies ist für das spätere Rechnen, insbesondere die Zehnerüberschreitung, wichtig.

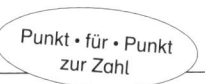

Vorwort

Neben den Arbeitsblättern zu den Zahlen 1–10 enthält das Material **Arbeitsblätter mit der Darstellung aller Zahlen** (S. 37). Hier können die Kinder die Ziffern wahlweise mit dem Bleistift nachspuren oder jede einzelne Zahl mehrmals als Schwungübung mit unterschiedlichen Buntstiften nachzeichnen. Außerdem gibt es noch vier Arbeitsblätter (S. 38–44), auf denen jeweils **mehrere Zahlen in unterschiedlichen Größen** gepunktet sind. Das Erkennen der gleichen Zahlen in unterschiedlichen Größen fordert und fördert besonders die visuelle Wahrnehmung. Neben dem Nachspuren der Zahlen mit dem Bleistift kann als Variante die Aufgabe gestellt werden, gleiche Zahlen zu finden und diese mit derselben Farbe nachzuzeichnen.

Besonderer Tipp:
Alle Arbeitsblätter können auch **geprickelt** und zur Schulung der **taktilen Wahrnehmung** mit dem Finger nachgefahren werden. So können Sie die Arbeitsblätter immer wieder auf unterschiedliche Art spielerisch und kreativ einsetzen, abgestimmt auf den individuellen Förderbedarf des einzelnen Kindes.

Ich wünsche Ihnen und den Kindern viel Spaß und Erfolg mit dem Zahlen-Nachmalheft.

Susanne Schaadt

Punkt · für · Punkt zur Zahl

1

Punkt • für • Punkt zur Zahl

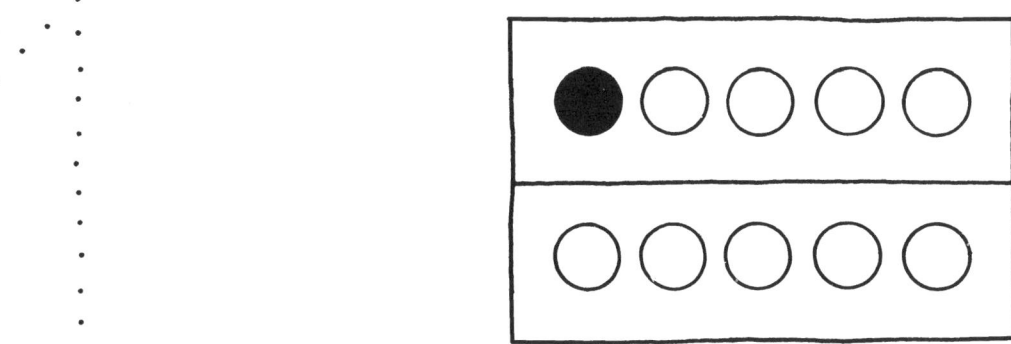

Punkt · für · Punkt
zur Zahl

Punkt · für · Punkt zur Zahl

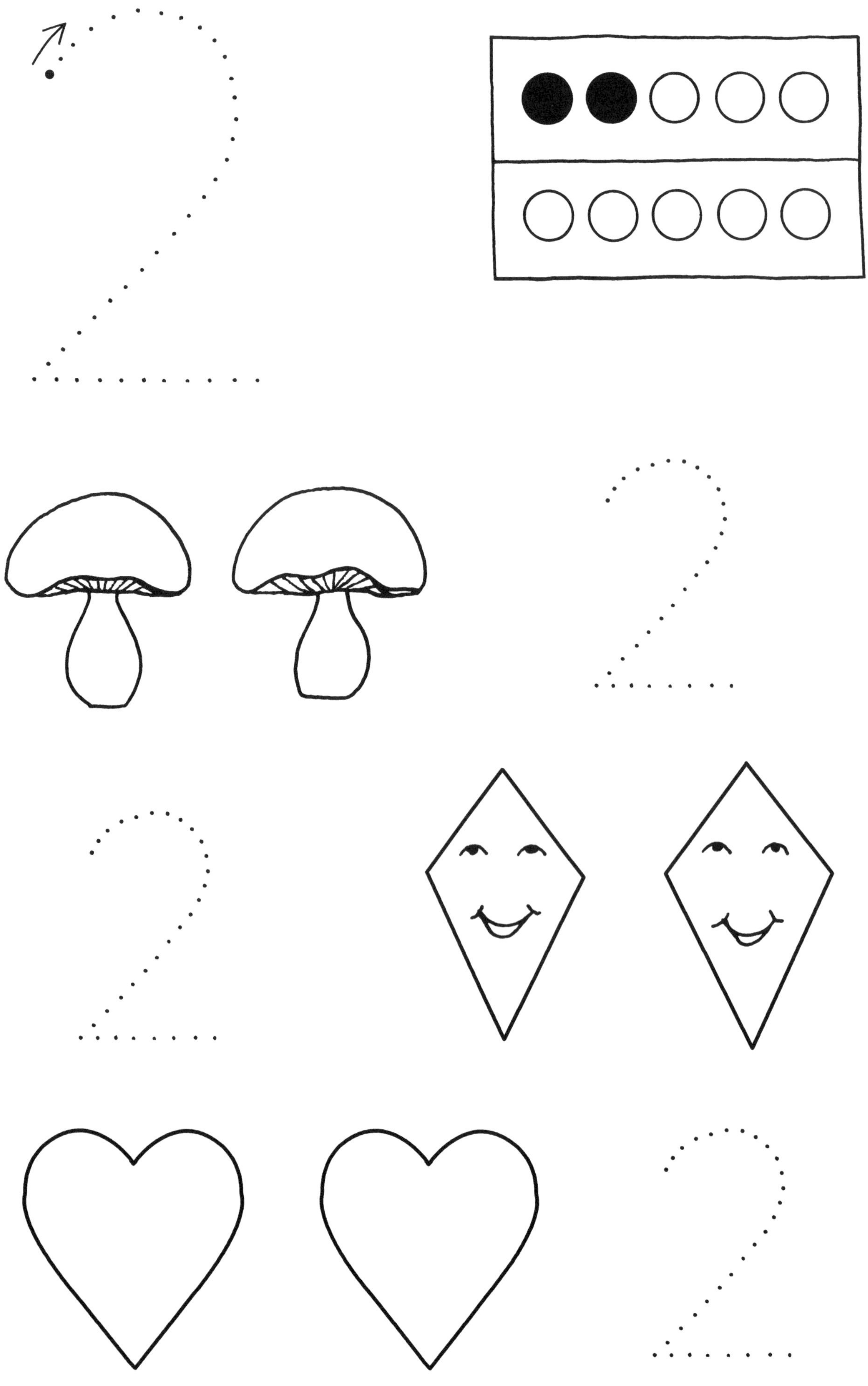

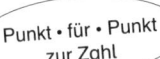

Punkt • für • Punkt zur Zahl

Punkt • für • Punkt zur Zahl

13

14

123

Punkt • für • Punkt zur Zahl

  Punkt · für · Punkt zur Zahl

16

1 2 3

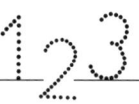

Punkt • für • Punkt zur Zahl

4

Punkt • für • Punkt
zur Zahl

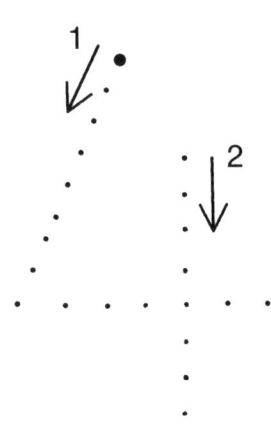
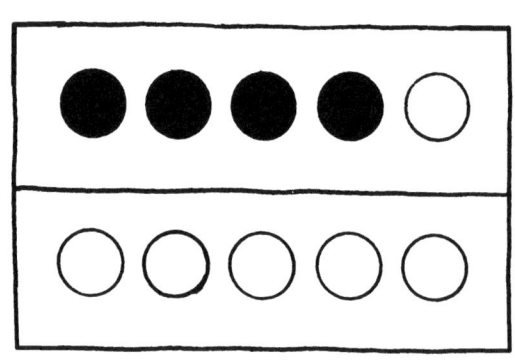

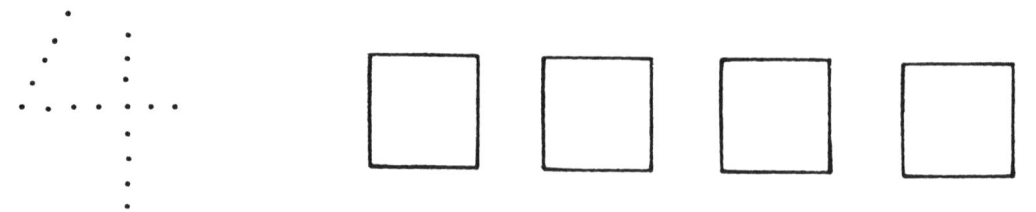

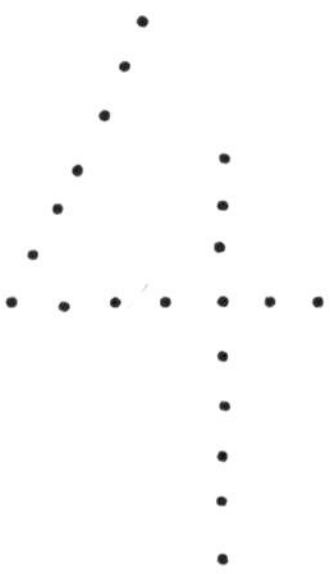

Punkt • für • Punkt zur Zahl

19

5

20 · 1 2 3 · Punkt • für • Punkt zur Zahl

22

123

Punkt · für · Punkt zur Zahl

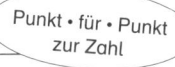
Punkt • für • Punkt zur Zahl

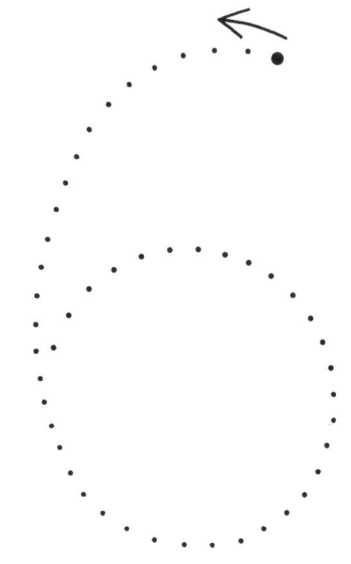
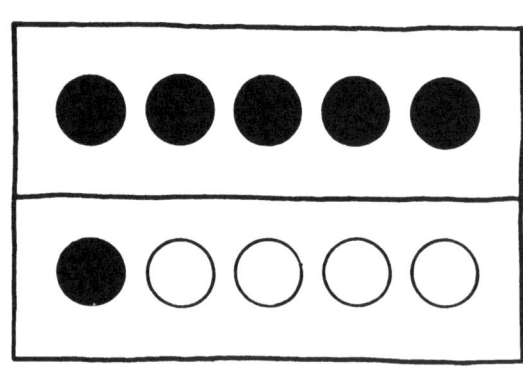

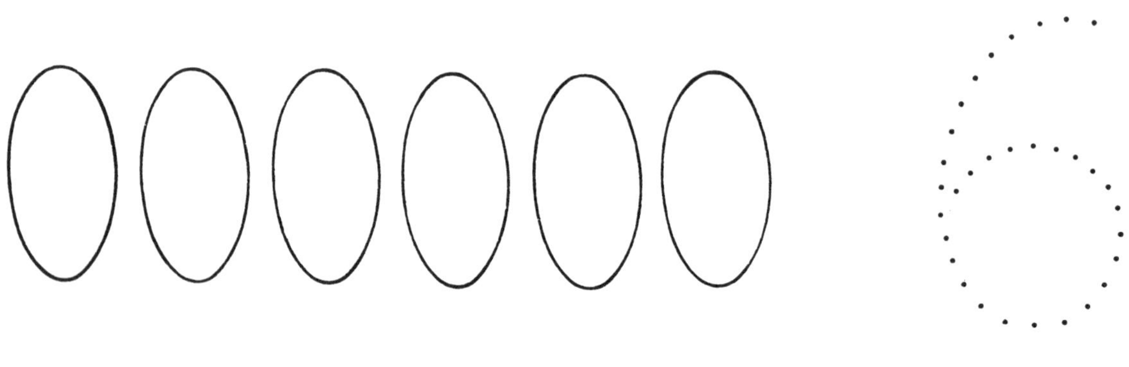

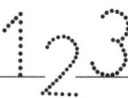
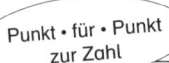 Punkt • für • Punkt zur Zahl

Punkt · für · Punkt zur Zahl

25

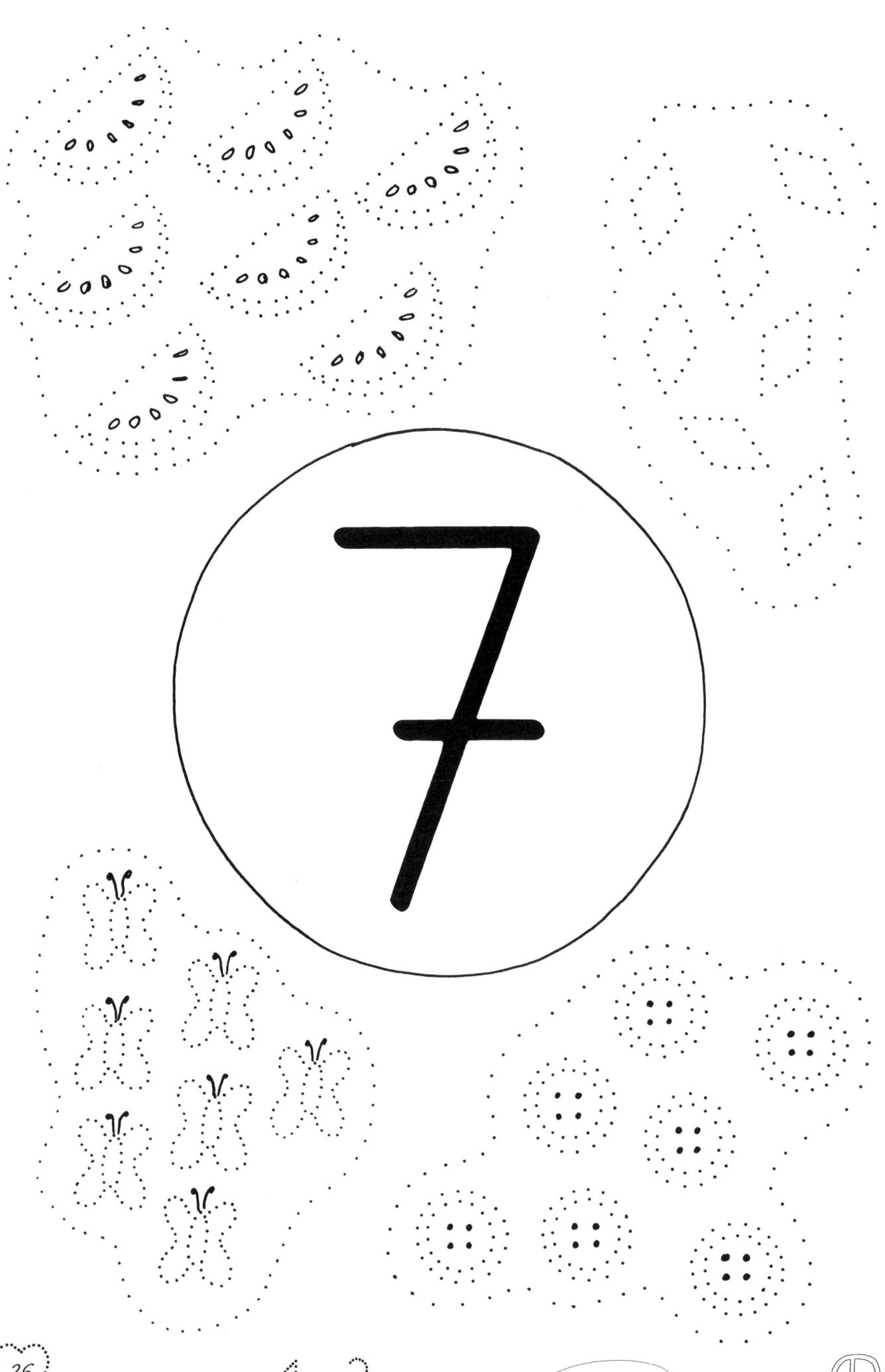

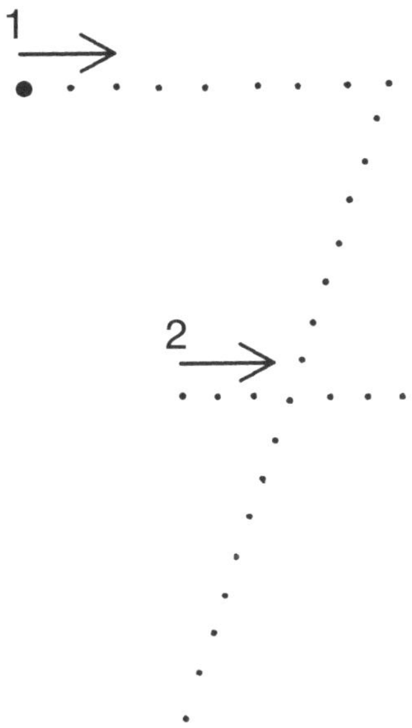

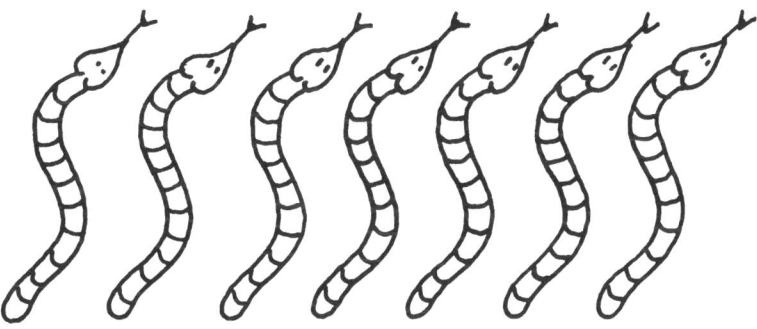

Punkt · für · Punkt zur Zahl

27

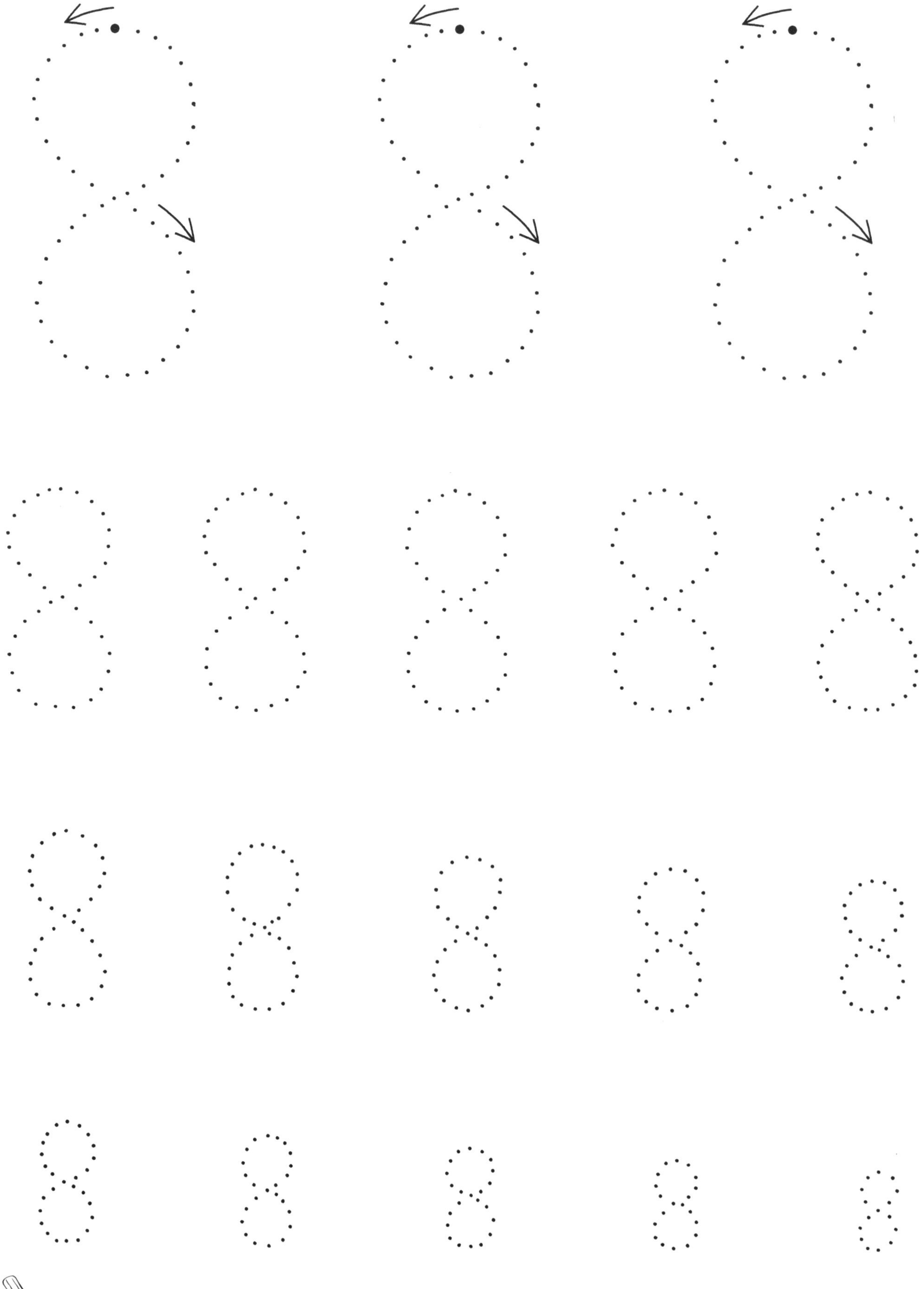

28

1 2 3

Punkt • für • Punkt zur Zahl

Punkt · für · Punkt zur Zahl

123

29

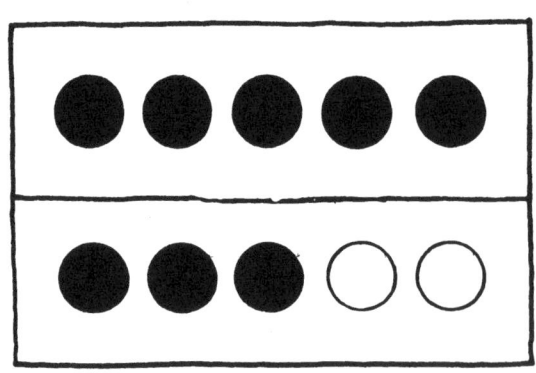

Punkt • für • Punkt
zur Zahl

31

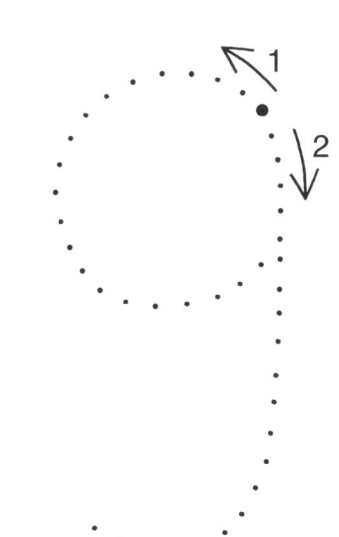

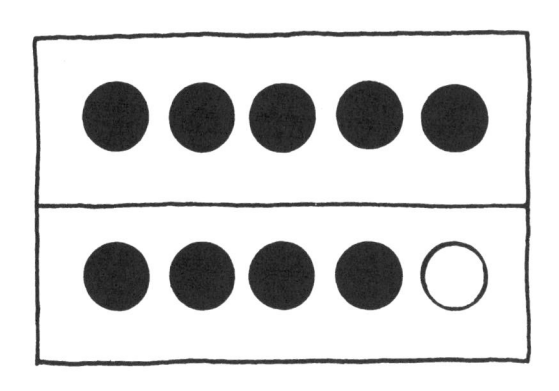

Punkt • für • Punkt
zur Zahl

33

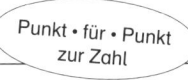

34 | 123 | Punkt · für · Punkt zur Zahl

Punkt • für • Punkt zur Zahl

123

35

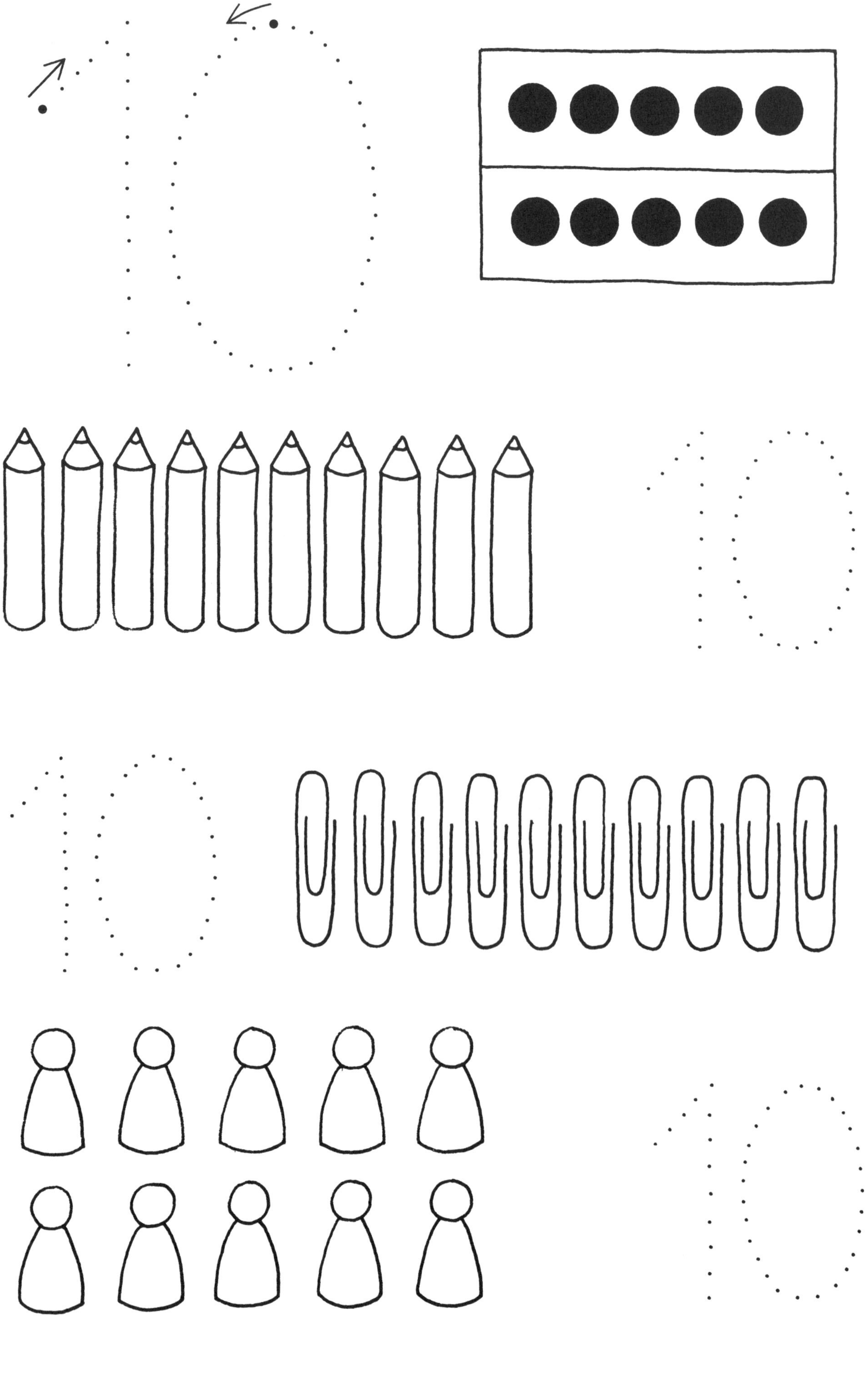

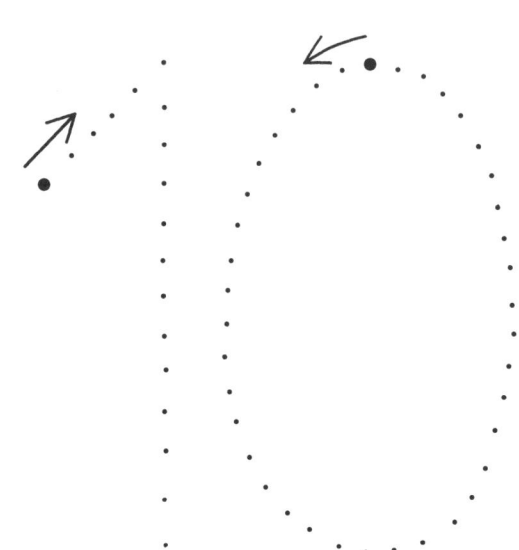

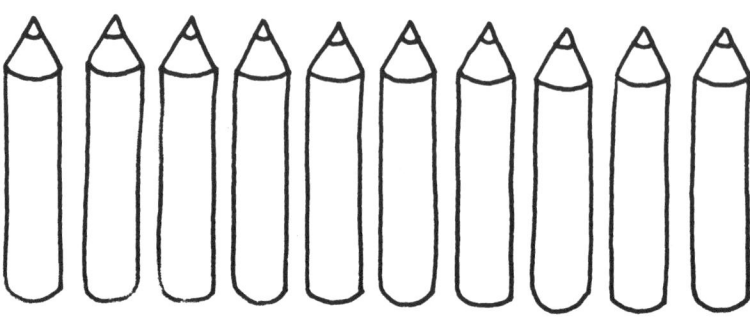
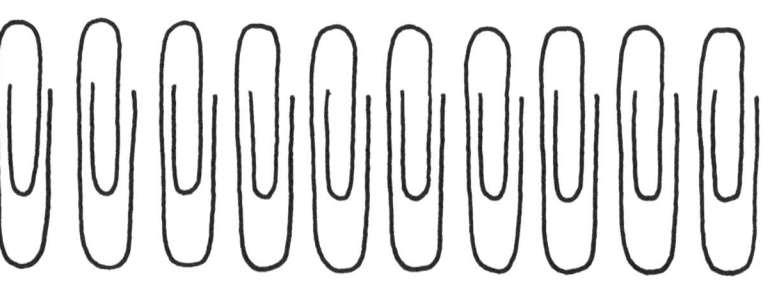

Punkt · für · Punkt zur Zahl

123

37

38 · 123 · Punkt · für · Punkt zur Zahl

40 123 Punkt • für • Punkt zur Zahl

Punkt • für • Punkt zur Zahl

41

Literaturtipps

Bostelmann, Antje (Hrsg.):
Das Portfolio-Konzept in der Grundschule.
Individualisiertes Lernen organisieren.
Klasse 1–4. Verlag an der Ruhr, 2006.
ISBN 978-3-8346-0137-7

Evans, Marilyn:
10-Minuten-Training.
Lernspiele für viele.
Deutsch – Mathematik – Sachunterricht.
Klasse 1–3. Verlag an der Ruhr, 2004.
ISBN 978-3-86072-888-8

Fink, Christine:
55 Fünf-Minuten-Matheübungen.
Klasse 1–4. Verlag an der Ruhr, 2005.
ISBN 978-3-86072-940-3

Grace, Cathy; Shores, Elizabeth F.:
Das Portfolio-Konzept für Kindergarten und Grundschule.
4–10 Jahre. Verlag an der Ruhr, 2005.
ISBN 978-3-86072-943-4

Hintze, G.; Kupske, S.; Schöne, D.:
Das kann ich schon – das lerne ich noch.
Mein Könnerheft.
Mathematik Klasse 1.
Klasse 1. Verlag an der Ruhr, 2006.
ISBN 978-3-8346-0088-2

Koll, H.; Mills, S.; Montague-Smith, A.:
Mathehandwerk.
Grundlagen Geometrie und Größen.
Klasse 1–2. Verlag an der Ruhr, 2005.
ISBN 978-3-8346-0019-6

Koll, H.; Mills, S.; Montague-Smith, A.:
Mathehandwerk.
Eigene Lösungswege finden.
Klasse 1–2. Verlag an der Ruhr, 2005.
ISBN 978-3-8346-0018-9

Maak, Angela:
So geht's:
Zusammen über Mathe sprechen.
Mathematik mit Kindern erarbeiten.
Klasse 1–4. Verlag an der Ruhr, 2003.
ISBN 978-3-86072-710-2

Meoli-Meier, Brita:
40 handgezeichnete Mandalas.
Klasse 1–4. Verlag an der Ruhr, 2006.
ISBN 978-3-8346-0146-9

Morgenthau, Lena:
Vorlagen für kleine Lern- und Merkbücher. Zahlen.
Malen, schreiben, rechnen, falten.
4–7 Jahre. Verlag an der Ruhr, 2007.
ISBN 978-3-8346-0262-6

Schaadt, Susanne:
Schwungübungen mit Punkt-Mandalas.
6–8 Jahre. Verlag an der Ruhr, 2005.
ISBN 978-3-86072-960-1

Stoker, Dr. Alan:
Mathe für ganz schnelle:
Geometrie und Größen.
Ergänzungs- und Zusatzaufgaben für das 1. und 2. Schuljahr.
Klasse 1–2. Verlag an der Ruhr, 2004.
ISBN 978-3-86072-813-0

Swan, Paul:
Von Additionstafel bis Zauberdreieck.
Blankovorlagen und Anschauungsmaterial für den Mathematikunterricht.
Klasse 1–4. Verlag an der Ruhr, 2007.
ISBN 978-3-8346-0249-7